Viel Kraft für alles

"Leuchtende Tage – nicht weinen dass sie vorüber, sondern lächeln, dass sie gewesen."
Konfuzius

Herzlichel grandolohde
Rdol
Nóri

Rainer Haak

Viel Kraft für alles

ALPHAEDITION

ute Wünsche

Manchmal weißt du nicht mehr weiter. Dir wird alles zu viel. Du musst Abschied nehmen, eine schwere Prüfung bestehen, hast eine unerwartete Niederlage erlitten oder wurdest bitter enttäuscht. Die Probleme türmen sich vor dir auf und die anstehenden Aufgaben überfordern dich. Jetzt brauchst du viel Kraft für alles, was vor dir liegt. Aber auch die nötige Ruhe und Gelassenheit. Du darfst dich freuen, dass es Menschen gibt, die dir in dieser Zeit nahe stehen und dich mit ihren guten Wünschen begleiten.

Abstand gewinnen

So vieles stürmt auf dich ein. Du fühlst dich zwischen den verschiedenen Anforderungen hin- und hergerissen. Jetzt ist es erst einmal an der Zeit, Abstand zu gewinnen. Du machst einen langen Spaziergang oder ziehst dich einen Tag in die alte Hütte zurück. Du denkst nach, legst dir einen Plan zurecht und triffst deine Entscheidungen. Nach dieser Auszeit erledigst du eine Aufgabe nach der anderen. Schritt für Schritt gehst du voran. Und plötzlich, so stellst du fest, ist der Berg gar nicht mehr so groß.

Gute Erinnerungen

Gerade jetzt brauchst du eine positive Einstellung für die Aufgaben, die vor dir liegen. Achte nicht zuerst auf die Probleme und Gefahren, sondern auf die guten Möglichkeiten. Sieh nicht nur auf die Hindernisse, sondern auf das Ziel, das vor dir liegt. Vielleicht hilft es dir, dich an positive Erfahrungen zu erinnern. Wie war das damals, als du es trotz allem geschafft hast, als sich deine Stimmung plötzlich aufhellte oder als du nach einem erfolgreichen Abschluss die ganze Welt umarmen konntest?

Neue Kraft

Keine Kraft mehr? Du wolltest schon aufgeben. Doch plötzlich bist du selbst überrascht, was alles in dir steckt und wie mutig du deinen Weg weitergehst. Oder du betest um Hilfe und erlebst – fassungslos –, wie dir neue Kraft vom Himmel zufließt. Keine Kraft mehr? Du glaubst nicht mehr daran, dass dein Leben gelingen kann, und plötzlich spürst du, wie das Leben selbst dir neue Kraft gibt. Du gehst deinen Lebensweg mit einem vertrauten Menschen und wirst beschenkt durch die Kraft, die aus der Liebe kommt.

uellen der Kraft

Du suchst in dieser Zeit intensiv nach den guten Quellen, aus denen du Kraft schöpfen kannst. Du weißt, wie wichtig dir deine Familie ist. Dort kannst du hoffentlich immer wieder auftanken. Du denkst an gute Freunde, die dich aufmuntern. Dein Glaube schenkt dir Kraft und neue Motivation. Du erinnerst dich an kostbare Augenblicke, in denen du dich in die Stille zurückgezogen hast, um dich auf deine Aufgaben vorzubereiten. Wie gut, dass dir diese und andere Quellen immer wieder zur Verfügung stehen!

Die Ruhe bewahren

Manchmal staune ich über dich: Obwohl alles über dir zusammenzubrechen scheint, behältst du die Ruhe. Du achtest auf dich, statt dich selbst unter Druck zu setzen. Du überlegst vorher genau, was du tust, und beschäftigst dich immer nur mit einer Sache zurzeit. Und wenn sich die Gelegenheit bietet, genießt du das Leben. Wer dich so erlebt, kann sich kaum vorstellen, wie viel von allen Seiten auf dich einstürmt. Ich wünsche dir, dass dich auch in Zukunft nicht so schnell etwas aus der Ruhe bringt.

Liebevolle Begleitung

Was du tun musst, kann dir keiner abnehmen. Es ist dein Weg, den du gehen wirst. Und doch wird dich ab und zu jemand begleiten. Du darfst Hilfe annehmen, solange sie dich nicht einengt. Du darfst um Unterstützung bitten, solange du die Verantwortung nicht aus den Händen gibst. Vielleicht bittest du jemanden um Rat. Vielleicht tut dir ein freundschaftliches Gespräch gut. Oder jemand „schenkt" dir einen fröhlichen Abend, an dem du alles andere vergessen kannst. Danach wirst du deinen Weg gestärkt weitergehen.

Auf und ab

Du hast Niederlagen erlitten und konntest dich über Erfolge freuen. Du dachtest, alles sei zu Ende, und konntest neu anfangen. Du fühltest dich einsam und verlassen und hast erlebt, dass du dich auf deine Freunde verlassen konntest. Du drohtest zu erfrieren und spürtest wieder die alte Glut in dir. Gern denkst du zurück an die schönen Augenblicke in deinem Leben. Aber du weißt, dass die schweren Zeiten dazugehören. Im Rückblick weißt du manchmal gar nicht, welche der Zeiten wichtiger für dich waren.

Schritt für Schritt

Manchmal bleibst du auf deinem Weg erschöpft und resigniert stehen. Solltest du nicht besser aufgeben? Du hast das Ziel aus den Augen verloren. Du hältst die Ungewissheit nicht mehr aus. Doch dann gehst du trotz allem weiter, erst zaghaft einen Schritt, noch einen und noch einen. Du hast bisher schon so einen weiten Weg zurückgelegt, sagst du dir, da ist noch mehr möglich. Und während du die nächsten Schritte tust, wächst die Zuversicht. Die Kraft kehrt zurück und schon bist du wieder unterwegs.

Kein Druck

Du hast alles versucht. Du hast deine letzten Kräfte mobilisiert. Jetzt ist Zeit für eine Pause. Du sprichst leise zu dir: „Ich mache mir keinen Druck!" Du hältst an und tust erst einmal gar nichts. Du erinnerst dich an deine Hoffnung, du stammelst ein Gebet. Du lässt los. Du erlaubst dir, zu dir zu kommen. Du atmest tief durch. Noch einmal und noch einmal. Du versuchst, nach vorn zu blicken. Ob es dir gelingt? Und während du noch fragst, bist du schon wieder auf dem Weg – mit neuer Zuversicht.

enießen

Klage nicht, wenn du müde vor den Hindernissen stehst, die sich vor dir aufgetürmt haben. Aber genieße die Kraft, die du in dir spürst, wenn du die Hindernisse überwindest. Klage nicht über Langeweile. Sie erinnert dich an die Möglichkeiten des Lebens. Aber genieße es, wenn deine Sinne berauscht sind von der Vielfalt des Lebens. Klage nicht über den Schmerz, der dich ergriffen hat. Ohne Schmerz gibt es kein erfülltes Leben. Aber genieße die kostbaren Augenblicke des Glücks, die dir geschenkt werden.

Dankbarkeit

Ich wünsche dir, dass du unterwegs immer wieder einmal innehältst und dankbar zurückschaust: Du kennst einige wunderbare Menschen, denen du wirklich vertrauen kannst. Du hast Fähigkeiten, die dir auf deinem Weg weiterhelfen. Du durftest bereits etliche Erfolge feiern und wichtige Aufgaben erledigen. Du hast einiges erreicht, was du dir selbst nicht zugetraut hattest. Du wurdest vom Leben reich beschenkt.

Ich wünsche dir, dass du dankbar zurückschaust – und dich dann mit neuer Zuversicht auf den Weg machst.

Vorfreude

Was erwartet dich auf deinem Weg? Belaste dich nicht mit unnötigen Sorgen. Stell dir nicht vor, was alles passieren könnte. Denke nicht an mögliche Hindernisse, an steile Aufstiege, an Unwetter, an Hitze und Kälte. Male dir nicht aus, wie du verzweifelt nach dem Ziel Ausschau hältst. Freu dich lieber auf die Begegnungen, die dich unterwegs neu motivieren, auf die schattigen Plätze, die zur Rast einladen, auf die herrlichen Ausblicke in die Weite und auf die neue Kraft nach einem erfrischenden Schlaf.

Liebenswert

Du gehst deinen Weg und versuchst, dein Ziel nicht aus den Augen zu verlieren. Du tust alles, was dir möglich ist. Du denkst nicht daran, aufzugeben. Und doch fragst du dich manchmal, ob dein Vorhaben gelingen wird.
Was auch immer geschieht, vergiss niemals, dass du ein liebenswerter, wunderbarer Mensch bist. Dein Wert steht längst fest. Du musst nicht darum kämpfen, du musst keine „übermenschliche" Leistung erbringen. Du darfst ohne großes Gepäck den Weg gehen, den nur du allein gehen kannst.

Viel Kraft für alles

Weitere Titel aus dieser Reihe:
Glück & Gesundheit für dich - ISBN 978-3-8407-0701-8
Trauern - ein neuer Anfang - ISBN 978-3-8407-0702-5
Weil du Geburtstag hast - ISBN 978-3-8407-0704-9
Für einen besonderen Menschen - ISBN 978-3-8407-0705-6
Jeden Tag das Leben genießen - ISBN 978-3-8407-0706-3

©ALPHA EDITION GmbH & Co. KG · Wellseedamm 18 · 24145 Kiel · www.alpha-edition.com
Dieses Werk ist urheberrechtlich geschützt. Alle Rechte sind vorbehalten. Jegliche Vervielfältigung oder Verwertung ohne vorherige schriftliche Genehmigung des Verlags ist untersagt.

Konzept & Gestaltung: ALPHA EDITION GmbH & Co. KG · Texte: Rainer Haak
Bildredaktion & Lektorat: ALPHA EDITION GmbH & Co. KG · Druck: Süddruck Neumann GmbH & Co. KG
Bildnachweis: Umschlagfoto und Inhalt ©Shutterstock Inc., Seite 8: Image DJ Corporation

Informationen über Bücher und Veranstaltungen von Rainer Haak erhalten Sie im Internet: www.rainerhaak.de